Petra Steckelmann

Die Spur führt zum Ponyhof

Mit Illustrationen von
Eva Spanjardt

gondolino

ISBN: 978-3-8112-3156-6

Umschlagillustration: Silke Voigt
Reihenlogo: Gisela Dürr
Printed in Italy – 023
5 4 3 2 1

Der Umwelt zuliebe gedruckt auf chlorfrei gebleichtem Papier.

www.gondolino.de

Inhalt

Auf ans Meer!

Auf den Ritt am Strand
haben die Mädchen sich schon lange gefreut.
„Juhu!“, ruft Laura.
Die Mähne ihres Ponys Kim
flattert im Wind
und Laura fühlt sich,
als würde sie fliegen.
Der Ritt am Meer entlang
ist traumhaft schön!

„In euren Satteltaschen
sind Handtücher und Schwimmflügel.
Jetzt geht’s mit den Ponys ins Meer!“,
ruft Frau Sander den Mädchen zu.

Wie viele Schwimmflügel
müssen noch aufgepustet werden,
wenn jedes Kind an jedem Arm einen trägt?

„Ihr müsst noch fünf Schwimmflügel aufpusten.
Niemand geht ohne sie ins Wasser!
Im offenen Meer können die Wellen hoch sein.
Auch die Strömung kann gefährlich werden.
Passt also gut auf euch und die Ponys auf!“,
erklärt Frau Sander.

Laura will zuerst den Sattel abnehmen,
damit Kim ihn los ist.
Um ihre Schwimmflügel
kann sie sich dann immer noch kümmern.
Sie zerrt am Gurt des Sattels,
aber sie bekommt ihn nicht auf.

Kim scharrt nervös mit den Hufen.
Auch Laura wird immer ungeduldiger.
„Verflixtes Ding,
nun geh schon auf!“,
schimpft sie.
Mit einem Ruck zieht sie am Lederriemen.
Kim zuckt zusammen
und galoppiert plötzlich los.
Der Schreck treibt sie mitten in die Wellen.

Laura bleibt wie angewurzelt stehen
und sieht ihr ängstlich hinterher.
„Du musst Kim wieder einfangen,
sonst ertrinkt sie noch!“,
ruft Juliane,
die mit dem Aufpusten
ihrer Schwimmflügel beschäftigt ist.
„Ich kann nicht!“,
ruft Laura verzweifelt.
Frau Sander drückt Laura
die Zügel ihres Ponys in die Hand
und stürmt los.

Mit wenigen Schwimmzügen
ist sie bei Kim.

„Alles in Ordnung!
Ponys können ganz gut schwimmen“,
erklärt sie,
als sie mit Kim wieder an Land ist.
„Aber dein Sattel ist patschnass.“
Laura atmet erleichtert auf.
Der nasse Sattel ist ihr egal.

Warum ist Laura ihrem Pony
nicht selbst hinterhergelaufen?

Sie hatte ihre Schwimmflügel noch nicht um.

Ein Dieb auf dem Ponyhof?

Im Pferde-Fachgeschäft
sollen die Mädchen zeigen,
was sie über das Futter von Ponys wissen.
Denn sie sollen in ihren Ferien
auf dem Ponyhof
nicht nur Reiten und Putzen lernen,
sondern vieles mehr.
„Gleich hat Tina ihren großen Auftritt“,
zischt Anna Kitty zu,
als sie neben dem vorbereiteten Tisch stehen.
„Immer will sie die Erste und Beste sein!
Mal sehen,
ob sie weiß,
was Ponys fressen.“

Weißt du,
welche Nahrung sich für Ponys eignet
und welche nicht?

Ross & Reiter
Hafer
Müsli
Kraft
jedes Teil
€ 5,00

Kaum hat der Reitlehrer die Aufgabe erklärt
und Anna den Korb gereicht,
drängelt sich Tina nach vorne.
Sie zerrt an Annas Korb.
Was für ein Auftritt!
Alle sind auf der Stelle still
und beobachten gebannt die beiden Mädchen.
Nur das Klingen der silbernen Pferdeköpfe
an Annas Armband
hallt durch den Raum.

„Der Klügere gibt nach“, sagt Anna
und lässt los.
„Nimm du lieber das Armband ab“,
sagt Tina schnippisch.
„Unser Reitlehrer wird mit dir schimpfen,
weil das Geklimper die Pferde stört.“
Verlegen nimmt Anna ihr Armband ab
und stopft es in die Hosentasche.
Tina legt Äpfel und Hafer in den Korb.

Als sie aber auch
die Hufeisen aus Weingummi hineinlegt,
muss Kitty grinsen.
Bei Tinas Griff nach der Schokolade
prustet sie dann laut los.
„Nur weil ein Ponykopf
auf die Verpackung gemalt ist,
ist die Schokolade doch nicht für Ponys!“,
erklärt Anna.
Wütend knallt Tina den Korb auf den Tisch
und stürmt aus dem Geschäft.

Am nächsten Tag stolziert Tina wortlos
an Anna und Kitty vorbei.
Sie striegeln gerade ihre Ponys.
„Die hat aber schlechte Laune“, sagt Anna
und bindet sich die Haare zusammen.
Da fällt ihr plötzlich etwas auf.
„Mein Armband ist weg!“,
ruft sie erschrocken.

„Ich hab es noch nie abgenommen!
Bestimmt hat die doofe Tina es geklaut.“
Kitty zieht die Nase kraus.
„Tina ist vielleicht manchmal gemein.
Aber dein Armband hat sie nicht genommen.“

Woher weiß Kitty,
dass Tina das Armband nicht genommen hat?

Anna hat es im Geschäft abgenommen
und in ihre Hosentasche gesteckt.

Mäxchen ist verschwunden

Das Sommerfest auf dem Ponyhof
ist in vollem Gange.
Till und Ben putzen ihre Ponys.
Gleich fängt das Ritterturnier an,
und da sollen die Ponys
gut aussehen.
Doch plötzlich
beginnt es heftig zu regnen.
Schnell bringen die Jungen
ihre Ponys in den Stall.
Am Himmel blitzt und donnert es.
Die Ponys drängen sich
in die hinterste Ecke vom Stall.
Nur Bens Pony Max
ist nirgends zu sehen.

Kannst du Max finden?

»Max«

„Till, wo ist Max?“, ruft Ben
und sucht den Stall ab.
„Ich glaube,
er hat sich erschreckt,
als es gedonnert hat.
Da ist er in den Gang galoppiert.“
Und tatsächlich!
Ben geht um den Turm
aus Strohballen herum
und sieht Max im Gang stehen.

„Ach Mäxchen“,
sagt er.
„Hast du so viel Angst gehabt,
dass du dich hinter dem Stroh
verstecken musstest?“
„Bring ihn zurück zu den anderen“,
sagt Till.
Ben zieht am Halfter.
Aber Max bewegt sich nicht ein Stück.
Da hilft nur noch Trick Siebzehn!
Ben holt eine Hand voll Leckerlis
aus der Packung.
Dann stellt er die Packung
auf einem Ballen Stroh ab.

„Komm, Mäxchen,
hier ist etwas Leckeres“,
lockt er das Pony.
Max bläht die Nüstern und schnaubt.
Dann geht er einen Schritt auf Ben zu.
Ben grinst
und geht einen Schritt zurück.
Das macht er so lange,
bis Max bei den anderen Ponys steht.
Jetzt erst gibt er Max ein Leckerli.

Als das Gewitter weitergezogen ist,
schließen Ben und Till
den Stall hinter sich
und gehen nachhause.

Am nächsten Morgen
ist Max schon wieder weg.
„Sein Halfter hängt am Haken“,
stellt Ben erstaunt fest.
„Aber wo ist Mäxchen?“
„Sieh mal hinter den Strohballen nach!“,
rät Till und grinst.

Wie kommt Till darauf,
dass Max wieder hinter den Strohballen steht?

Weil Ben die Leckerlis dort stehen gelassen hat.

Ein Pony auf Reisen

Dunkle Wolken ziehen über den Platz.
Anna trabt zum Gatter.
„Wir müssen uns beeilen, Pauli,
wenn wir nicht patschnass werden wollen!“,
sagt Anna zu ihrem Pony.
Sie sind gerade im Stall angekommen,
als die ersten dicken Regentropfen fallen.
Nachdem Anna Pauli versorgt hat,
setzt sie sich in seine Box
und kuschelt sich in die Pferdedecke.
Mit der Hand wischt sie drei Regentropfen
von ihrer Nase,
die durch das Dach tropfen.
Anna schaut hinaus in die Dunkelheit,
und erschrickt fürchterlich.
Ein schauriges Monster schleicht herum!

Was sieht Anna vor dem Fenster wirklich?

Donnergrummeln lässt sie erschauern.
Ein zuckender Blitz erhellt kurz
den schwarzen Himmel.
„Anna, reiß dich zusammen!“,
sagt sie zu sich selbst.
Das Monster ist nur ein Ast,
der vor dem Fenster hin- und herschwingt.
Sie zieht die Decke fest um ihre Schultern
und lehnt sich gegen Pauli,
der sich ins Stroh gelegt hat.
Paulis vertrauter Geruch
lässt ihr Herz wieder ruhiger schlagen.
Anna schließt die Augen und gähnt.

Ein Sonnenstrahl kitzelt Anna an der Nase.
Sie streckt sich
und atmet tief die frische Meeresluft ein.
Von irgendwoher hört sie Stimmen.
Anna folgt den Geräuschen
und steht kurz darauf
auf dem Sonnendeck eines Schiffes.
Im Schwimmbecken spielen Kinder Wasserball.
In einem Liegestuhl entdeckt Anna Pauli.

„Hey, wo hast du denn den Strohhut und die Sonnenbrille her?“, fragt sie und nimmt den Becher mit dem Strohhalm, den Pauli ihr reicht.
„Lecker, Orangensaft mit Vanilleeis!“, freut Anna sich.
„Ich spiele mit den anderen Wasserball!“, ruft Pauli.
Er nimmt Anlauf und landet mit einem lauten „Platsch“ im Wasser.

Anna reibt sich die Wassertropfen
von der Nasenspitze
und zieht die Decke
fest um ihre Schultern.
Schon komisch, denkt sie.
Von einem Pony auf einem Schiff
hab ich noch nie gehört.

War Anna tatsächlich
mit Pauli auf einem Schiff?

Nein, Anna hat nur geträumt.
Die Wassertropfen auf ihrer Nase
waren aber echt.
Das Dach des Stalls ist undicht.

Schnuppertag

Auf dem Ponyhof
geht es zu wie auf dem Rummelplatz.
Bestimmt hundert Kinder sind mit ihren Eltern
zum Schnuppertag gekommen.

„Ich möchte voltigieren!“,
sagt Lucy aufgeregt
und schleckt an ihrem Eis.
Und Marc ruft:
„Ich möchte Lassowerfen üben!“
„Dann schauen wir mal auf dem Plan nach,
wo die Sachen stattfinden“,
schlägt Mama vor.
Auch Lucy beugt sich über den Plan.
Platsch!
Ihre Eiskugel ist mitten
auf den Plan geplumpst.

Siehst du,
wo Lucy und Marc hin müssen?

Ponyhof Lageplan
6 Wasser fall
9 Kiosk
12
boys
7
gieren
10 Wiese
5 Ponyreiten
2 Grosse Reithalle
Kleine
3
Western
4
11 Stall
1 Hof
P

„Lassowerfen ist auf der Ranch.
Genau neben dem Voltigieren“,
erklärt Mama.
„Dann viel Spaß!“, sagt Papa.
„Wir holen euch später hier ab.“
Marc und Lucy machen sich auf den Weg.
Marcs Kurs beginnt schon in drei Minuten.
Lucy muss noch eine halbe Stunde warten.
Sie schaut Marc zu,
wie er auf dem Pony sitzt
und das Lasso schwingt.

Er braucht ein paar Versuche,
bis er mit dem Lasso
eine Kuh aus Holz trifft.
Dann ist es auch für Lucy soweit.
Sie läuft los.
„Ach, Marc, könntest du ...“
Sie dreht sich noch einmal um
und sieht nur Marcs Hinterteil.
Er klopft sich gerade Sägespäne von der Hose.
„Na ja, nicht so wichtig“,
sagt Lucy grinsend und geht.

Der Tag geht viel zu schnell vorbei.
Am liebsten würde Lucy stundenlang
auf dem Pony voltigieren.
Aber ihre Eltern warten schon.

„Und, wie war es bei dir?“,
fragt Mama.
„Toll!“, ruft Lucy.
„Ich habe auf einem großen Ball gelernt,
wie ich das Gleichgewicht halten kann.
Dann durfte ich auf ein echtes Pony!“

Marc unterbricht sie.
„Ich habe eine Holzkuh gefangen!
Und ich bin nicht ein einziges Mal
vom Pony gefallen!“
„Dafür habe ich nicht geschwindelt!“,
sagt Lucy zum Schluss
und grinst Marc an.

Was meint Lucy damit?

Sie weiß,
dass Marc geschwindelt hat.
Er hatte Sägespäne an der Hose,
also ist er wohl doch
vom Pony gefallen.

Eine aufregende Schnitzeljagd

„Jetzt gibt es eine Überraschung!“, sagt Jans Mama geheimnisvoll. „Die Ponys sind schon gesattelt.“ Sie drückt jedem Geburtstagsgast einen Zettel in die Hand. „Auf zur Schnitzeljagd! Viel Glück!“ Kurz darauf sitzen alle Kinder fest im Sattel. Und schon startet die Jagd nach dem Schatz.

Die ersten Aufgaben sind schnell gelöst.
„Als Nächstes müssen wir dem Wink
der toten Hand folgen“,
sagt Tim verwirrt.
Jan grinst breit.
„Seht ihr das?“, fragt er
und deutet auf einen Ast,
der in der Dämmerung
fast wie eine Hand aussieht.

„Ihh, das ist ja unheimlich!“,
kreischt Viola,
als sie den Ast sieht,
der aus dem Moorboden ragt.
In der Ferne jaulen ein paar Hunde auf.
Ein Schauer läuft Viola über den Rücken.
„Ich habe hier noch nie einen Hund gehört“,
murmelt Jan,
der schon oft in der Gegend geritten ist.
„Und was machen wir jetzt?“,
fragt Tim.
„Willst du vor dem Schatz stehen,
folge den Rehen!“,
liest Viola vor.

Welchen Weg sollen die drei nehmen,
wenn sie zum Schatz wollen?

Die Spuren der Rehe
sind ganz durcheinander.
Viele sind in verschiedene Richtungen gelaufen.
„Nehmen wir einfach den Weg,
den die meisten Rehe gelaufen sind“,
schlägt Tim vor.
Mühsam finden sie den Weg
mit den meisten Spuren.

Schließlich kommen sie zu einer Futterkrippe.
Jan hebt das Stroh hoch
und jubelt:
„Juhu, ich habe den Schatz gefunden!“
In dem Moment tritt seine Mama
aus der Jagdhütte.
„War doch gar nicht so schwer, oder?“,
fragt sie die Kinder.
„Doch!“, stöhnt Jan.
Viola nickt zustimmend.
Und Tim erklärt:
„Die Spuren waren alle durcheinander.
Irgendetwas hat die Rehe aufgescheucht.“

Warum waren die Hufabdrücke der Rehe
alle durcheinander?

Das Jaulen der Hunde
hat die Rehe erschreckt.

Ein ganz besonderer Tag

Überglücklich stürmt Jasmin in den Garten.
„Mama, ich habe gewonnen!",
ruft sie aufgeregt.
„Ich darf einen Tag in die Dressurschule!"
Strahlend gibt Jasmin
ihrem silbernen Anhänger,
dem Glückspony,
einen Kuss.
Sie zeigt Mama den Brief.
„Toll!", sagt Mama.
„Leider habe ich keine Zeit,
mitzukommen."
„Ist ja nicht weit,
und den Weg kenne ich",
meint Jasmin.
Freitagmorgen findet sie einen Zettel.

Kannst du erkennen,
was auf dem Zettel steht?

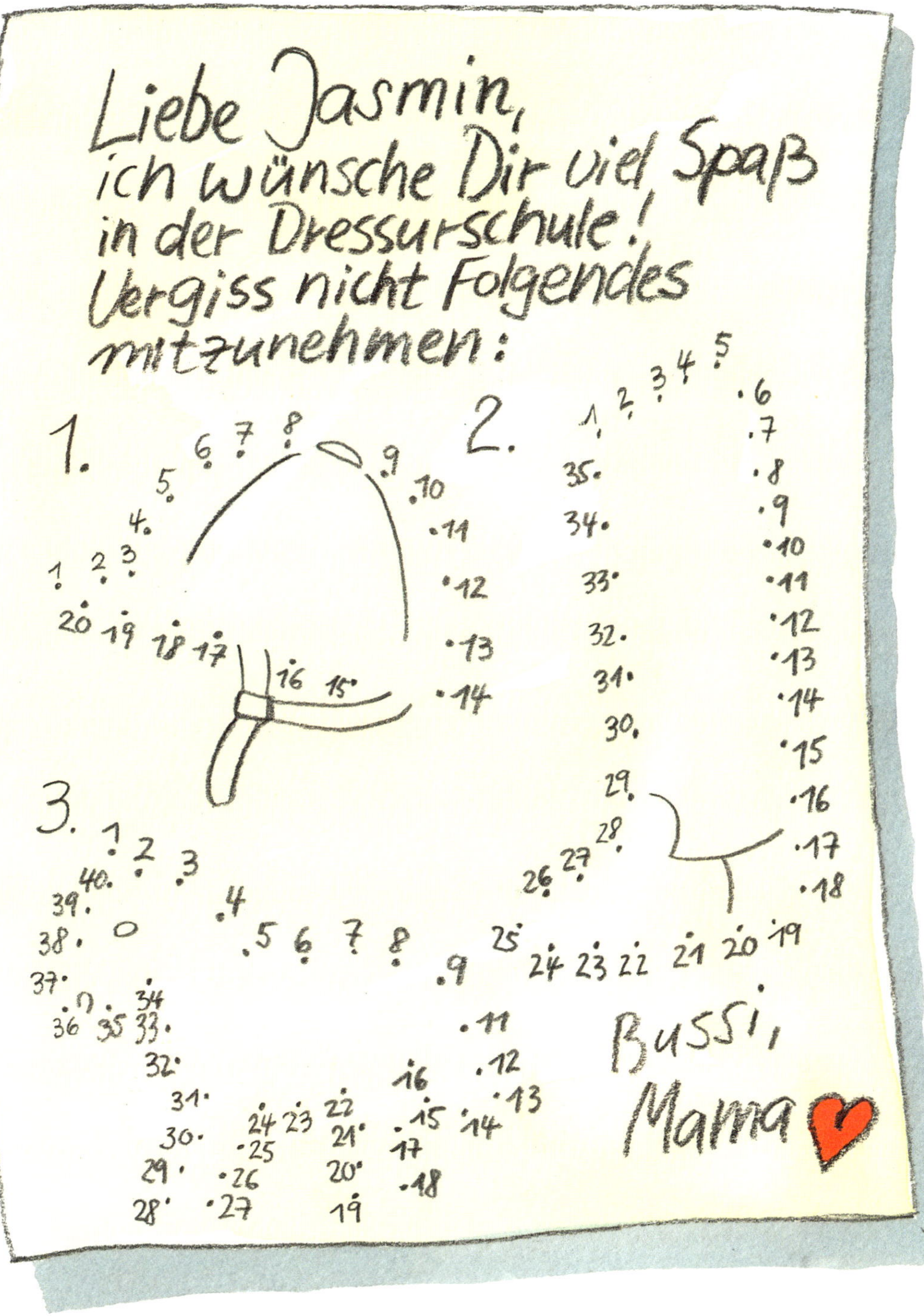
Liebe Jasmin,
ich wünsche Dir viel Spaß
in der Dressurschule!
Vergiss nicht Folgendes
mitzunehmen:
1.
2.
3.
Bussi,
Mama

Jasmin stutzt kurz.
Dann grinst sie und sagt:
„Klar nehme ich Lore mit."
Sie schnappt sich Reitstiefel und Kappe
und läuft hinüber zum Stall.
„Lore, aufwachen!",
ruft Jasmin,
als sie die Stalltür öffnet.
„Wir schauen in der Dressurschule zu,
wie die edlen Pferde geritten werden."

In der Dressurschule angekommen,
zeigt Jasmin dem Direktor den Brief.
Der zieht verwundert die Nase kraus.
Aber dann sagt er:
„Gut, kommt mal mit in die Halle."
Aufgeregt führt Jasmin Lore
an den Boxen mit den großen Pferden vorbei.
„Was die für lange Beine haben!"
Jasmin ist beeindruckt.
Als sie dann in der Halle sieht,
wie schön die Pferde traben
und galoppieren können,
verschlägt es ihr fast die Sprache.

„Möchtest du mitmachen?“,
fragt der Direktor.
Jasmin schluckt.
Bei Lore wird das bestimmt
nicht so elegant aussehen.

Schließlich steigt Jasmin aber auf
und dreht die erste Runde.
Dann reitet sie eine Acht
und wechselt vom Trab in den Galopp.
„Du machst das toll, Lore!“,
lobt sie ihr Pony.

Auch der Direktor ist zufrieden.
„Lore ist die Figur sehr schön gegangen!“, sagt er.
„Aber eigentlich solltest du ja ohne dein Pony zu uns kommen!“
„Mama hat mir das aber so aufgeschrieben“, sagt Jasmin verlegen.

Weißt du,
warum Jasmins Mama aufgeschrieben hat,
dass sie das Pony nicht vergessen soll?

Sie meinte das Glückspony aus Silber.
Jasmin sollte es nicht vergessen,
weil es ihr immer Glück bringt.

Flockys Auftritt

Gleich neben Flockys Koppel
auf dem Ponyhof
gibt es einen riesigen Park.
Dort hat ein Zirkus
seine Zelte aufgebaut.
„Ich bin der Zirkusdirektor“,
sagt ein Mann zu Lukas,
als er Flocky gerade von der Weide holt.

„Unser Affe Berta
hat das Zirkuspony erschreckt.
Es ist gestürzt,
und jetzt humpelt es.
Darf ich dein Pony vielleicht
für ein paar Tage ausleihen?“,
fragt der Direktor.
„Wird Flocky dann ein Zirkuspony?“,
will Lukas aufgeregt wissen.
„Das ist ja super!“
Später im Zirkus erklärt der Direktor
Flockys Aufgabe.

„Er muss nur durch die Manege laufen,
immer im Kreis."
„Das ist leicht!",
meint Lukas.
„Dabei wird unser Affe Ben auf ihm reiten
und ein bisschen auf ihm herumturnen.
Flocky wird Ben
doch nicht abwerfen, oder?"
„Bestimmt nicht,
mich hat er noch nie abgeworfen!"

Lukas darf zusehen,
wie der Direktor mit Flocky und Ben übt.
Er ist ganz stolz.
Sein Pony tritt in einem echten Zirkus auf!
Vor der Vorstellung bekommt Flocky sogar
ein Federbüschel auf den Kopf.
Doch als die Vorstellung beginnen soll,
ist das Büschel völlig zerrupft.

Kannst du die 12 Federn finden?

„Du siehst aus wie ein gerupftes Huhn“, zischt Lukas Flocky zu.
„So kannst du nicht auftreten!“
Schnell sammelt Lukas die Federn wieder ein.
Plötzlich steht ein anderes Äffchen direkt hinter Lukas.
„Wer bist du denn?“
„Das ist Berta“, erklärt der Zirkusdirektor.
„Eigentlich war das ihre Nummer, aber sie hat immer so laut gekreischt.
So hat sie auch unser Pony erschreckt.
Also haben wir Ben die Nummer gegeben.
Seitdem spielt sie verrückt!“

„Jetzt aber schnell“,
flüstert Lukas Flocky zu,
als die Musik ertönt.
Die Vorstellung beginnt.
Doch da fehlen ja schon wieder
Federn von Flockys Kopfschmuck!

Weißt du,
wer die Federn von Flockys Kopf gezupft hat?

Berta war es.
Sie ist eifersüchtig,
weil ein anderer Affe
ihre Zirkusnummer bekommen hat.

Eisige Schlittenfahrt

Vera und Svenja stapfen
durch den hohen Schnee zum Stall.
Ihre Schlitten ziehen sie hinter sich her.
„Zum Glück habe ich
zwei Paar Handschuhe angezogen!“,
sagt Vera zu ihrer Freundin Svenja
und zieht sich den Schal über die Ohren.
„Hier in Norwegen ist es im Winter sehr kalt“,
meint Vera bibbernd.

„Aber den Ponys macht das nichts aus.
Durch ihr dichtes Fell kommt kein Wind“,
erklärt Svenja
und zurrt die Schlitten am Geschirr fest.
„Außerdem ...“
„Oh, bitte keinen Vortrag über Ponys“,
unterbricht Vera ihre Freundin.
„In den Ferien möchte ich nichts lernen,
außer vielleicht,
wie man dich beim Schlittenrennen schlägt!“,
sagt sie und lacht.

„Dann mal los!“,
ruft Svenja.
„Wer als Erster bei Bauer Torben ist,
hat gewonnen.“
Die Mädchen schnalzen mit der Zunge.
Sofort traben die Ponys los.
Das Bimmeln der Glöckchen
klingt über die verschneiten Wiesen.
Plötzlich biegt Svenja nach links ab.
„Wenn du einen Umweg machst,
bist du selbst schuld,
wenn du verlierst!“,
ruft Vera ihrer Freundin zu.
„Dafür liegen auf deinem Weg Äste herum!
Viel Spaß beim Ausweichen!“,
ruft Svenja lachend zurück.

Wer gewinnt das Rennen?

B
A

Während Svenja schon ihr Pony
mit einem Stück Apfel belohnt,
sind von Veras Schlitten
noch nicht einmal die Glöckchen zu hören.
Es dauert eine Weile,
bis das fröhliche Klingeling
durch die eisige Winterluft tönt.

„Ich habe gewonnen!“,
ruft Svenja fröhlich.
„Und deshalb darf ich jetzt auch
meinen Vortrag beenden.“

Da trifft sie
ein Schneeball im Rücken.
„O nein, kein Vortrag!“,
ruft Vera
und formt schon den nächsten Schneeball.
„Außerdem hatte ich nur Pech.
Mein Schlitten ist umgekippt.“

Weißt du,
warum Veras Schlitten umgekippt ist?

Sie hat versucht,
den Ästen auszuweichen,
die auf ihrem Weg herumlagen.

Lesespaß-Leserätsel

1. Welches Gemüse essen Ponys gerne?
2. Wie nennt man einen Wettkampf im Reitsport?
3. Wie heißt das Kind eines Ponys oder Pferdes?
4. Was schützt den Kopf beim Sturz vom Pony?
5. Womit putzt man ein Pony?
6. Was liegt in einer Pferdebox meistens auf dem Boden?
7. Wo grasen Ponys gerne?
8. Wie heißt die Leine, mit der ein Pony beim Voltigieren geführt wird?

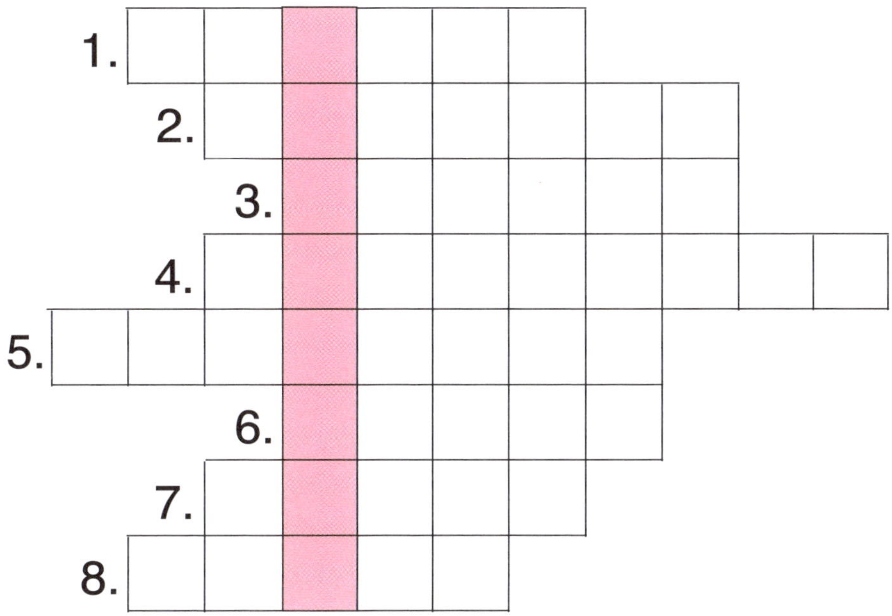

Lösungswort: Hufeisen

Die Autorin

Petra Steckelmann wurde 1970 in Hamburg geboren. Sie schreibt kurze Geschichten und längere Erzählungen für Kinder, unter anderem über zauberhafte Feen, dichtende Hexen und wilde Piraten. Des Weiteren schreibt sie Romane für Kinder und Jugendliche ab 10 Jahren. Sie lebt und fantasiert in ihrer Geburtsstadt, umgeben von Englischen Rosen und ihren geliebten Katzen. Mehr Informationen unter www.steckelmann.de

Die Illustratorin

Eva Spanjardt, geboren in Düsseldorf, hat Grafik-Design studiert. Nach Praxis-Jahren in der Werbung startete sie als Illustratorin in die Selbstständigkeit und arbeitet seitdem erfolgreich für Kinderbuchverlage, Kinder-TV und Magazine. Mehrere Jahre lang lehrte sie als Dozentin für Grafik-Design an der Fachhochschule Düsseldorf. Eva Spanjardt lebt in Meerbusch bei Düsseldorf.

Lesespaß Ratekrimis

ISBN 978-3-8112-3157-3

Auweia! Die Seeräuber Sven und Olli haben die Schatzkarte von Kapitän Kanossa geklaut, um sich den Schatz unter den Nagel zu reißen. Doch der Kapitän ist wirklich gerissen und kommt ihnen schnell auf die Schliche … Ganz andere Sorgen haben Finja, Tim und Jule: Ihr Schatzsucher-U-Boot geht ständig kaputt. Ob sie den großen Schatz doch noch finden?

gondolino

Lesespaß Ratekrimis

Spannende Geschichten zum Mitraten!

ISBN 978-3-8112-2996-9

ISBN 978-3-8112-2811-5

ISBN 978-3-8112-2903-7

ISBN 978-3-8112-2783-5

ISBN 978-3-8112-2785-9

ISBN 978-3-8112-2784-2

ISBN 978-3-8112-2812-2

ISBN 978-3-8112-2782-8

ISBN 978-3-8112-2902-0

ISBN 978-3-8112-3076-7

ISBN 978-3-8112-3075-0

ISBN 978-3-8112-2997-6

gondolino